EL ESPÍRITU SANTO

NICKY GUMBEL

El Espíritu Santo
Título original: *The Holy Spirit*
Publicado por primera vez en 1993 como parte de *Alpha—Preguntas de la vida.*

© 1993 Nicky Gumbel

Traducción española © 2009 Alpha International, Holy Trinity Brompton, Brompton Road, Londres SW7 1JA, Reino Unido.

Quedan rigurosamente prohibidas, sin la autorización escrita de los titulares del copyright, según las sanciones establecidas en las leyes, la reproducción total o parcial de esta obra por cualquier método o procedimiento, comprendidos la copia y el tratamiento informático, así como la distribución de ejemplares de ella mediante alquiler o préstamo públicos.

Esta edición ha sido publicada mediante un acuerdo especial con Kinsgway. Los derechos de autor de Nicky Gumbel están vigentes según lo dispuesto por la Ley de Patentes, Diseños y Derechos de Autor de 1988 (*Copyright, Designs and Patent Act* 1988).

Edición 2009, traducción de Jaime Álvarez Nistal revisada por Rosa María Leveritt-Santiváñez y José Alberto Barrera Marchessi.

Textos bíblicos tomados de la SANTA BIBLIA, NUEVA VERSIÓN INTERNACIONAL® NVI®. Derechos de autor © 1999, Sociedad Bíblica Internacional®. Usado con el permiso de la Sociedad Bíblica Internacional®. Todos los derechos reservados.

Ilustraciones de Charlie Mackesy

ISBN 978-1-934564-85-1

ÍNDICE

Presentación	5
¿Quién es el Espíritu Santo?	7
¿Cómo actúa el Espíritu Santo?	21
¿Cómo podemos llenarnos del Espíritu Santo?	41

PRESENTACIÓN

Las tres charlas que encontrarás en este cuaderno se imparten normalmente durante el sábado del fin de semana Alpha. Están agrupadas juntas, tanto en el fin de semana como aquí, pues todas se refieren al Espíritu Santo cuya enseñanza es fundamental para una comprensión cristiana de Dios.

Muchas personas tienen un cierto conocimiento de Dios Padre y de Jesucristo, pero no han oído hablar mucho acerca del Espíritu Santo o habiéndolo hecho tienen aún muchas dudas acerca de lo escuchado. A lo largo de estas tres charlas examinamos la actividad del Espíritu Santo desde el principio de los tiempos hasta hoy en día, viendo el impacto que Él ha supuesto para la vida de la gente a lo largo de la historia y cómo tenerlo puede suponer un gran cambio para nuestra propia vida. Las charlas están pensadas para exponer el tema pero también son muy prácticas, pues nos enseñan de qué manera podemos llenarnos del Espíritu Santo y cómo Él nos puede ayudar a desarrollar una relación con Dios. Ha sido maravilloso ser testigos de la manera en la que el Espíritu Santo ha obrado en las vidas de tantas personas en el Curso Alpha, por lo que estoy muy agradecido a Dios de que a pesar de nuestros defectos y debilidades Él siga siendo fiel con nosotros.

Muchos invitados de anteriores cursos Alpha han comentado que el fin de semana de Alpha fue una parte determinante del curso para ellos, por lo que te animamos vivamente a que asistas a uno si todavía no lo has hecho.

El fin de semana posibilita pasar más tiempo junto con tus compañeros de curso Alpha para conocerlos mejor, en un ambiente relajado para todos, desconectado del trabajo y de las responsabilidades de la vida ordinaria.

Si tienes cualquier pregunta sobre lo que leas aquí, permíteme que te recomiende que hables con algún responsable de la iglesia o con algún cristiano que conozcas y estimes. Espero que este cuaderno suscite en tí la sed de experimentar la plenitud del Espíritu Santo en tu vida. La Biblia nos asegura que si tenemos sed y pedimos, Dios nos dará "el don gratuito del agua de la vida"

Nicky Gumbel

¿QUIÉN ES EL ESPÍRITU SANTO?

En mi grupo de amigos de la universidad, ¡cinco nos llamábamos Nicky! Solíamos juntarnos casi todos los días para almorzar. En febrero de 1974, la mayoría de nosotros nos convertimos al cristianismo. Enseguida nos entusiasmamos con aquella fe recién descubierta, pero uno de los Nickys se estaba quedando rezagado. No se le veía ilusionado con su relación con Dios, con la lectura de la Biblia ni con la oración.

Un día alguien oró por él para que quedara lleno del Espíritu Santo, y eso transformó su vida. Se le dibujó una enorme sonrisa en el rostro y se hizo conocido por el resplandor que irradiaba —y que aún hoy irradia—. Desde entonces, allá donde hubiera un estudio bíblico, una oración en grupo o actividades pastorales o sociales, allí estaba Nicky. Le encantaba estar con otros cristianos y se convirtió en la persona con mayor magnetismo del grupo. Atrajo a mucha gente y ayudó a muchos a creer y a llenarse, como él, del Espíritu.

¿Qué causó ese cambio en Nicky? Creo que él nos diría que fue su experiencia del Espíritu Santo la que originó ese cambio. Mucha gente sabe bastante de Dios Padre y de su Hijo, Jesús, pero hay mucha ignorancia sobre el Espíritu Santo. Por eso, dedicaremos tres capítulos de este libro a la tercera persona de la Trinidad.

Es posible que asociemos la palabra «espíritu» a «espectro» o «fantasma», y que nuestra percepción del Espíritu Santo se vea afectada por el miedo.[1] Un verso antiguo, cargado de humor, ilustra bastante bien este peligro:

> Un joven me dijo: «¡Corre!
> ¡El fin del mundo ha empezado!
> Es ese "Espectro" Santo
> quien causa en mí tal espanto
> aunque me fíe del Padre y del Hijo!».

Pero el Espíritu Santo no es un fantasma, sino una persona. Tiene las características propias de una persona: piensa (Hechos 15,28), habla (Hechos 1,16), guía (Romanos 8,14) y puede entristecerse (Efesios 4,30). A veces se le define como el Espíritu de Cristo (Romanos 8,9) o el Espíritu de Jesús (Hechos 16,7). Es la forma en la que Jesús se hace presente en medio de su pueblo.

¿Cómo es él? A veces se le describe, en la versión original griega del Nuevo Testamento, como el *parakletos* (Juan 14,16). Esta palabra no es fácil de traducir. Significa 'aquél que es invocado' —consejero, consolador, defensor—. Jesús aseguró que el Padre nos daría «otro» defensor. La palabra «otro», en este caso, significa «otro del mismo tipo». Es decir, el Espíritu Santo es exactamente como Jesús.

En este capítulo, quiero fijarme en la persona del Espíritu Santo: quién es y qué podemos saber de él si analizamos su actividad a lo largo de la Biblia, desde el capítulo primero del Génesis hasta el día de Pentecostés. Dado que el movimiento Pentecostal comenzó hace aproximadamente cien años, podríamos pensar que el Espíritu Santo es un fenómeno relativamente nuevo, lo cual dista mucho de ser cierto.

Participó en la creación

En los primeros versículos de la Biblia encontramos pruebas de la actividad del Espíritu Santo: «Dios, en el principio, creó los cielos y la tierra. La tierra era un caos total, las tinieblas cubrían el abismo, y el Espíritu de Dios iba y venía sobre la superficie de las aguas» (Génesis 1,1-2). Como un pájaro que revolotea sobre su nido, en actitud de espera, el Espíritu Santo estaba a punto de crear algo nuevo. La Trinidad, en su totalidad, participó en la creación (Juan 1,3).

En el relato de la creación vemos que el Espíritu de Dios creó cosas nuevas y estableció orden en medio del caos. Él es, hoy en día, el mismo Espíritu. A menudo crea cosas nuevas en la vida de la gente y en nuestras iglesias. Pone orden y paz en nuestras vidas caóticas, liberando a la gente de adicciones y de la confusión y el desorden provocado por sus relaciones rotas.

Cuando Dios creó al ser humano, «formó al hombre del polvo de la tierra, y sopló en su nariz aliento de vida, y el hombre se convirtió en un ser viviente» (Génesis 2,7). La palabra hebrea traducida aquí por «aliento» es *ruaj*, que también significa «Espíritu». El *ruaj* de Dios transmite vida física a la humanidad, formada del polvo. Del mismo modo, transmite vida espiritual a la gente y a las iglesias, que, en ocasiones, pueden encontrarse tan secas como el polvo.

Hace algunos años, un pastor me comentó que su vida y su iglesia estaban en esa situación —un poco polvorientas—. Sin embargo, un día, él y su mujer quedaron llenos del Espíritu Santo. Adquirieron un nuevo entusiasmo por la Biblia y sus vidas fueron transformadas. Su iglesia se convirtió en un núcleo de vida. El grupo de jóvenes, iniciado por su hijo, quien también había recibido el Espíritu Santo, experimentó un crecimiento exponencial y se convirtió en uno de los más grandes de la zona.

Muchos tienen hambre de vida y se sienten atraídos por personas e iglesias en las que se ve reflejada la vida del Espíritu de Dios.

Descendió sobre algunas personas en particular, en momentos concretos y para la realización de tareas determinadas

Cuando el Espíritu de Dios desciende sobre una persona, algo ocurre. El Espíritu no sólo provoca un sentimiento de paz interior, sino que desciende con un propósito bien definido. El Antiguo Testamento nos ofrece algunos ejemplos muy claros a este respecto.

Llenó a determinadas personas para el trabajo artístico. El Espíritu de Dios llenó a Bezalel «de sabiduría, inteligencia y capacidad creativa para hacer trabajos artísticos en oro, plata y bronce, para cortar y engastar piedras preciosas, para hacer tallados en madera y para realizar toda clase de artesanías» (Éxodo 31,3-5).

Se puede ser músico, escritor o artista con talento sin estar lleno del Espíritu. Pero cuando el Espíritu de Dios llena a las personas para la ejecución de esas tareas, sus trabajos adquieren, por lo general, una nueva dimensión, y tienen un efecto diferente sobre los demás. La obra resultante pasa a estar dotada de un impacto espiritual mucho mayor. Esto puede ocurrir, incluso, cuando la habilidad natural del músico o del artista no destaca particularmente. A pesar de eso, puede tocar corazones y cambiar vidas. No hay duda de que algo similar ocurrió a través de Bezalel.

También llenó a personas en particular para el ejercicio del liderazgo. En la época de los Jueces, el pueblo de Israel fue invadido a menudo por varios pueblos extranjeros. En una ocasión los invasores fueron los madianitas. Dios llamó a Gedeón para que liderara a Israel. Gedeón era bien consciente de su propia debilidad y preguntó: «¿Cómo voy a salvar a Israel? Mi clan es el más débil de la tribu de Manasés, y yo soy el más insignificante de mi familia» (Jueces 6,15). Sin embargo, cuando el Espíritu de Dios descendió sobre Gedeón (v. 34), éste se convirtió en uno de los grandes líderes del Antiguo Testamento.

En lo que se refiere al liderazgo, Dios se sirve, a menudo, de quienes se sienten débiles, inadecuados e incapaces. Cuando quedan llenos del Espíritu, se convierten en líderes excepcionales de la iglesia.

En enero de 1955, Martin Luther King Jr. fue arrestado por primera vez. Se le acusó de conducir a 50 km/h por una zona de Montgomery (Alabama) —su ciudad de origen—, en la que la velocidad estaba limitada a 40 km/h. Este arresto ridículo fue el clímax de una serie de actividades hostiles dirigidas contra él por un cuerpo policial racista. Las autoridades de Montgomery querían hacer todo lo posible para apagar la llama encendida por el boicot a los autobuses de Montgomery, la primera acción del Movimiento por los Derechos Civiles. El boicot, cuyo objetivo era acabar con la segregación existente en los autobuses de la ciudad, había sido organizado por la Asociación para la Mejora de Montgomery —Montgomery Improvement Association (MIA)—, de la que King (un destacado pastor de Montgomery) era presidente. Tras su arresto, King fue liberado esa misma noche. Regresó a casa exhausto, y, en cuanto llegó, recibió una llamada telefónica. Se trataba de otra amenaza de muerte: «Escucha, negro, ya te hemos aguantado bastante: antes de la semana que viene, te arrepentirás de haber venido a Montgomery».

Incapaz de dormir, King se hizo un café y se sentó a la mesa de la cocina. «Estaba dispuesto a rendirme», confesó. Estaba a punto de renunciar a su presidencia en la MIA, como él mismo reconoció más tarde, porque «sentía que el miedo se apoderaba de mí». Pero estando allí sentado, con la cara entre sus manos, se sintió impelido a orar. «Algo me decía:

"Tienes que invocar a ese algo del que tu padre te solía hablar, ese poder capaz de abrir caminos en zonas infranqueables"». King oró: «Señor, estoy aquí abajo intentando hacer lo que está bien. Pero debo confesar que ahora me siento débil: estoy vacilando. Estoy perdiendo el valor». En aquel instante, King oyó la voz de Dios que le exhortaba a continuar luchando. «Me prometió que nunca me abandonaría». King ya era, por entonces, pastor, predicador y doctorando en Teología. Pero fue ahí, en esa cocina y en 1955, donde «experimentó la presencia de lo Divino como nunca antes lo había hecho». Desde aquel momento, según sus propias palabras, «mis incertidumbres desaparecieron» y «estaba preparado para enfrentarme a cualquier cosa».

Lo que King experimentó aquella noche en su cocina fue el Espíritu Santo: «El poder capaz de abrir caminos en zonas infranqueables».[2]

Hay más casos en los que vemos cómo el Espíritu Santo llena a la gente de fuerza y poder. La historia de Sansón es bastante conocida. En una ocasión, los filisteos lo ataron amarrándolo con cuerdas. Entonces, «el Espíritu del Señor vino sobre él con poder, y las sogas que ataban sus brazos se volvieron como fibra de lino quemada, y las ataduras de sus manos se deshicieron» (Jueces 15,14).

Lo que es físicamente cierto en el Antiguo Testamento suele ser espiritualmente cierto en el Nuevo Testamento y en nuestras vidas. No es que estemos físicamente atados con sogas, sino que estamos amarrados por nuestros propios miedos, hábitos o adicciones, que se adueñan de nuestras vidas. Estamos controlados por el mal genio o por patrones de pensamiento caracterizados por la envidia, los celos o la lujuria. Nos damos cuenta de que estamos atados cuando no podemos dejar de hacer algo, incluso aunque queramos.

Cuando el Espíritu de Dios vino sobre Sansón, las sogas que ataban sus brazos se volvieron como fibra de lino quemada, y él se vio liberado. El Espíritu de Dios es capaz de liberar hoy a la gente de lo que le ata.

No sólo experimentamos al Espíritu Santo para tener un sentimiento agradable en nuestros corazones, sino para salir de nosotros mismos y cambiar nuestro mundo. Más adelante, en el Antiguo Testamento, observamos que el Espíritu de Dios descendió sobre el profeta Isaías con el fin de capacitarlo para «anunciar la buena nueva a los pobres, [...] sanar los corazones heridos, [...] proclamar liberación a los cautivos y libertad a los prisioneros [...] [y] consolar a todos los que están de duelo» (Isaías 61,1-3).

A veces nos sentimos impotentes cuando tenemos que hacer frente a los problemas del mundo. Muchas veces me sentía así antes de ser cristiano. Sabía que tenía muy poco o nada que ofrecer a aquellos cuyas vidas estaban sumidas en el caos. Aún hoy en día, me siento así a veces. Pero sé que, con la ayuda del Espíritu de Dios, tenemos, ciertamente, algo que ofrecer. El Espíritu de Dios nos capacita para anunciar la buena nueva de Jesucristo; para sanar los corazones heridos; para proclamar la liberación a los cautivos de algunos aspectos de sus vidas que, en el fondo, odian; para liberar a aquellos que son prisioneros de su propia maldad, y para ofrecer el consuelo del Espíritu Santo —que es, a fin de cuentas, el Consolador— a aquellos que están tristes, afligidos o apesadumbrados. Si queremos ofrecer a la gente una ayuda que dure eternamente, no podemos hacerlo sin el Espíritu de Dios.

Prometido por el Padre
Hemos visto ejemplos de la acción del Espíritu de Dios en

el Antiguo Testamento. Entonces, su actividad se limitaba a algunas personas en particular, en momentos concretos y para la realización de tareas determinadas. A medida que avanzamos en el Antiguo Testamento, vamos descubriendo que Dios promete que va a hacer algo nuevo. El Nuevo Testamento se refiere a esta realidad como «la promesa del Padre». La expectación iba en aumento: *¿Qué iba a ocurrir?*

En el Antiguo Testamento, Dios hizo una alianza con su pueblo: dijo que sería su Dios y que ellos serían su pueblo. Él les pidió que cumplieran sus leyes, y ellos las reconocieron como buenas. Desgraciadamente, el pueblo se dio cuenta de que era incapaz de cumplir esos mandamientos, y la Antigua Alianza, o Viejo Pacto, fue quebrantada constantemente.

Dios prometió que un día haría una nueva alianza con su pueblo. Esta alianza sería diferente de la primera: «Pondré mi ley en su mente y la escribiré en su corazón» (Jeremías 31,33). En otras palabras, con la Nueva Alianza o Nuevo Pacto, la ley sería interna en vez de externa. Cuando uno va de excursión, empieza su camino cargando con las provisiones a la espalda. Al principio, éstas son pesadas y hacen que el progreso sea lento, pero después de haberlas comido, no sólo desaparece su peso, sino que se experimenta una nueva energía que surge del interior. Dios prometió, a través de Jeremías, que se acercaba una nueva época en la que la ley ya no sería un peso externo, sino que se transformaría en una fuente interna de energía. *Pero, ¿cómo iba a ocurrir todo eso?*

Ezequiel nos da la respuesta. Él era profeta, y Dios habló por medio de él ampliando la promesa anterior: «Les daré un nuevo corazón, y les infundiré un espíritu nuevo; les quitaré ese corazón de piedra que ahora tienen, y les pondré un corazón de carne. Infundiré mi Espíritu en ustedes, y haré que sigan mis preceptos y obedezcan mis leyes» (Ezequiel 36,26-27).

Por medio del profeta Ezequiel, Dios estaba anunciando que eso es lo que ocurriría cuando infundiera en nosotros su Espíritu. Así es como cambiará nuestros corazones y los hará sensibles («corazones de carne»), en vez de duros («corazones de piedra»). Entonces, el Espíritu de Dios nos moverá a cumplir sus leyes y decretos.

Jackie Pullinger pasó más de treinta años trabajando en lo que era la anárquica ciudad amurallada de Kowloon, Hong Kong, entregando su vida al servicio de las prostitutas, de los drogadictos y de los pandilleros. Recuerdo que en un discurso memorable que pronunció, comenzó con las siguientes palabras: «Dios quiere que tengamos corazones sensibles y pies duros. El problema de muchos de nosotros es que tenemos corazones duros y pies sensibles». Los cristianos deberíamos tener pies duros en cuanto a que deberíamos ser fuertes en vez de moralmente débiles o blandengues. Jackie es un ejemplo magnífico de esto en lo que se refiere a su disponibilidad para quedarse sin dormir, comer o descansar, con el fin de servir a los demás. No obstante, también tiene un corazón sensible: un corazón repleto de compasión. La dureza está en sus pies, no en su corazón.

Ya hemos visto lo que implica «la promesa del Padre» y cómo va a ocurrir. Seguidamente, Joel nos explica *para quién va a ocurrir*. Por boca de Joel, Dios dice:

> Derramaré mi Espíritu sobre todo el género humano.
> Los hijos y las hijas de ustedes profetizarán,
> tendrán sueños los ancianos
> y visiones los jóvenes.
> En esos días derramaré mi Espíritu
> aun sobre los siervos y las siervas.
>
> (Joel 2,28-29)

Joel predice que la promesa ya no estará reservada para algunas personas en particular, en momentos concretos y para la realización de tareas determinadas, sino que será para todos. Dios derramará su Espíritu sin tener en cuenta el sexo («hijos e hijas [...], siervos y siervas»); sin tener en cuenta la edad («ancianos [...] y jóvenes»), y sin tener en cuenta la trayectoria personal de cada individuo, su raza, color o rango («aun sobre los siervos y las siervas»). Habrá nuevas formas de oír a Dios («profetizarán, [...] tendrán sueños y [...] visiones»). Joel predijo que el Espíritu se derramaría con gran generosidad sobre todo el pueblo de Dios.

Sin embargo, todas esas promesas permanecieron incumplidas durante, al menos, trescientos años. La gente esperó durante largo tiempo el cumplimiento de «la promesa del Padre», hasta que, con la llegada de Jesús, se dio una revolución en la actividad del Espíritu Santo.

El nacimiento de Jesús fue la señal de salida. Casi todos los que estuvieron relacionados de algún modo con el nacimiento de Jesús se llenaron del Espíritu de Dios. Juan el Bautista, que debía preparar el camino, quedó lleno del Espíritu Santo incluso antes de su nacimiento (Lucas 1,15). A María, la madre de Jesús, se le prometió lo siguiente: «El Espíritu Santo vendrá sobre ti y el poder del Altísimo te cubrirá con su sombra». (Lucas 1,35). Isabel, su prima, también quedó «llena del Espíritu Santo» cuando se dio cuenta de que estaba en la presencia de Jesús, aunque éste todavía estuviera en el vientre de su madre (v. 41). Incluso el padre de Juan el Bautista, Zacarías, quedó «lleno del Espíritu Santo» (v. 67). En casi todos los casos hay un desbordamiento de alabanza o de profecía.

Juan el Bautista lo relaciona con Jesús

Cuando le preguntaron a Juan el Bautista si él era el Cristo, respondió: «Yo los bautizo a ustedes con agua […]. Pero está por llegar uno más poderoso que yo, a quien ni siquiera merezco desatarle la correa de sus sandalias. Él los bautizará con el Espíritu Santo y con fuego» (Lucas 3,16). El bautismo con agua es muy importante, pero no es suficiente. Jesús es quien bautiza con el Espíritu. En griego, bautizar significa 'sumergir', 'zambullir', 'inundar'. Era la palabra que se utilizaba para describir el hundimiento de un barco después de su naufragio. Eso es lo que debería ocurrir cuando quedamos llenos del Espíritu Santo. Deberíamos quedar completamente inundados del Espíritu de Dios, inmersos y sumergidos en éste.

A veces, esta experiencia es como una esponja seca y dura que cae en el agua. Puede haber durezas en nuestras vidas que nos impidan absorber el Espíritu de Dios. Es posible que se necesite algo de tiempo para que desaparezca la dureza inicial y para que la esponja se llene de agua. Una cosa es que la esponja esté en el agua («bautizada»), y otra que el agua esté en la esponja («llena»). Cuando la esponja se llena de agua, el agua se derrama, literalmente, a través de ésta.

Jesús fue un hombre repleto del Espíritu de Dios. El Espíritu de Dios descendió sobre él en una forma corpórea en el momento de su bautismo (Lucas 3,22). «Jesús, lleno del Espíritu Santo, volvió del Jordán y fue llevado por el Espíritu al desierto» (Lucas 4,1). Regresó después a Galilea «en el poder del Espíritu» (v. 14). En la sinagoga de Nazaret, leyó el pasaje de Isaías 61,1: «El Espíritu del Señor está sobre mí […]», y dijo: «Hoy se cumple esta Escritura en presencia de ustedes» (v. 21).

Jesús predijo su presencia

En una ocasión, Jesús fue a una fiesta judía llamada la Fiesta de los Tabernáculos.[3] Era una fiesta en la que miles de judíos iban a Jerusalén para recordar el momento en el que Moisés hizo brotar agua de una roca. Daban gracias a Dios por haberles proporcionado agua a lo largo del año anterior y le pedían que hiciera lo mismo al año siguiente. Según lo profetizado por Ezequiel, aguardaban anhelantes el día en el que el agua fluiría del Templo dando lugar a un río cada vez más profundo que transmitiría vida, fertilidad y sanación por donde transcurriera (Ezequiel 47).

Este pasaje era leído todos los años en la Fiesta de los Tabernáculos y representado visualmente. El Sumo Sacerdote descendía hasta la piscina de Siloé donde llenaba un cántaro de agua. Conducía, después, a la gente al Templo, donde derramaba el agua, por un embudo, en la parte occidental del altar y en el suelo, a modo de anticipación del gran río que iba a fluir del Templo. Según la tradición rabínica, Jerusalén era el ombligo del mundo, y el Templo del Monte Sión, el centro del ombligo (su «vientre» o su «parte más interna»).

El último día de la fiesta, Jesús se puso en pie y proclamó: «¡Si alguno tiene sed, que venga a mí y beba! Como dice la Escritura, del corazón [la palabra original es «vientre» o «parte más interna»] de aquél que cree en mí, brotarán ríos de agua viva» (Juan 7,37-38). Lo que Jesús estaba diciendo era que las promesas del profeta Ezequiel y de otros no se cumplirían en un lugar, sino en una persona. Es de la parte más interna de Jesús de donde brotará el río de vida. Del mismo modo, y por analogía, de cada cristiano («aquél que cree en mí») brotarán manantiales de agua viva. De nosotros, asegura Jesús, brotará ese río y transmitirá vida, fertilidad y sanación a los demás, tal y como prometió Dios por boca del profeta Ezequiel.

Juan explica, inmediatamente después, que Jesús estaba hablando del Espíritu Santo «que habrían de recibir más tarde los que creyeran en él» (v. 39), y añade que «hasta ese momento el Espíritu no había sido dado» (v. 39). La promesa del Padre todavía no se había cumplido. Incluso después de la crucifixión y de la resurrección de Jesús, el Espíritu todavía no había sido derramado. Fue después de todo eso cuando Jesús les dijo a sus discípulos: «Ahora voy a enviarles lo que ha prometido mi Padre; pero ustedes quédense en la ciudad hasta que sean revestidos del poder de lo alto» (Lucas 24,49).

Justo antes de que ascendiera a los cielos, Jesús prometió de nuevo: «Cuando venga el Espíritu Santo sobre ustedes, recibirán poder» (Hechos 1,8). Pero los discípulos aún tuvieron que esperar y orar durante diez días más. Entonces, por fin, en el día de Pentecostés, «de repente, vino del cielo un ruido como el de una violenta ráfaga de viento y llenó toda la casa donde estaban reunidos. Se les aparecieron entonces unas lenguas como de fuego que se repartieron y se posaron sobre cada uno de ellos. Todos fueron llenos del Espíritu Santo y comenzaron a hablar en diferentes lenguas, según el Espíritu les concedía expresarse» (Hechos 2,2-4).

Había ocurrido. La promesa del Padre se había cumplido. La gente que observaba lo que estaba pasando quedó estupefacta y perpleja.

Pedro se puso de pie y explicó lo que había sucedido. Haciendo memoria de las promesas de Dios en el Antiguo Testamento, explicó cómo todas sus esperanzas y aspiraciones se estaban cumpliendo en ese mismo instante y en ese preciso lugar. Declaró que Jesús, «habiendo recibido del Padre el Espíritu Santo prometido, ha derramado esto que ustedes ahora ven y oyen» (Hechos 2,33).

Cuando los allí reunidos preguntaron qué debían hacer,

Pedro les dijo que se arrepintieran y que se bautizaran en el nombre de Jesús para que así pudieran recibir el perdón. Entonces, les prometió que recibirían el don del Espíritu Santo, puesto que, continuó, «la promesa es para ustedes, para sus hijos y para todos los extranjeros, es decir, para *todos* aquellos a quienes el Señor nuestro Dios quiera llamar» (v. 39, cursiva del autor).

Ahora vivimos después de Pentecostés —el Espíritu ya ha sido derramado—. La promesa del Padre se ha cumplido. Todo cristiano, sin excepción, recibe la promesa del Padre. Esta promesa ya no es sólo para algunas personas en particular, en momentos concretos y para la realización de tareas determinadas. Es para *todos* los cristianos, tú y yo incluidos.

Notas

1. N. del T.: Las traducciones bíblicas antiguas al inglés utilizaban el término *Holy Ghost* ('Fantasma Santo') para referirse a la tercera persona de la Trinidad. En la actualidad, ese término está en desuso y ha sido sustituido por *Holy Spirit* ('Espíritu Santo').
2. Adaptación del relato narrado por Charles Marsh en *The Beloved Community: How Faith Shapes Social Justice from the Civil Rights Movement to Today* (New York: Basic Books, 2005).
3. N. del T.: Existen otras traducciones de esta fiesta al español: Fiesta de las Enramadas, Fiesta de las Tiendas o Fiesta de las Cabañas.

¿CÓMO ACTÚA EL ESPÍRITU SANTO?

> Jesús respondió: «Yo te aseguro que quien no nazca de agua y del Espíritu, no puede entrar en el reino de Dios. Lo que nace del cuerpo es cuerpo; lo que nace del Espíritu es espíritu. No te sorprendas de que te haya dicho: "Tienen que nacer de nuevo". El viento sopla por donde quiere, y lo oyes silbar, aunque ignoras de dónde viene y adónde va. Lo mismo pasa con todo el que nace del Espíritu» (Juan 3,5-8).

Hace algunos años, visité una iglesia en Brighton donde una de las profesoras de la escuela dominical[1] me habló sobre el tema que habían tratado la semana anterior. Había estado contando a los niños la escena narrada en Juan 3,5-8, en la que Jesús invita a Nicodemo a nacer de nuevo. En su enseñanza, intentó explicar a los niños la diferencia que hay entre el nacimiento físico y el nacimiento espiritual. Para provocar curiosidad en ellos sobre el tema, les preguntó: «¿Se nace cristiano?». Uno de los niños respondió: «No, señorita. ¡Se nace normal!».

La expresión «nacido de nuevo» se ha convertido en un cliché. Se popularizó en Estados Unidos y se ha usado hasta para hacer anuncios de automóviles. De hecho, Jesús fue la primera persona que utilizó esta expresión para referirse a todo el que «nace del Espíritu» (Juan 3,8).

Los bebés nacen como resultado de la unión sexual entre un hombre y una mujer. En el ámbito espiritual, la unión del Espíritu de Dios y del espíritu de un hombre o de una mujer crea un nuevo ser espiritual. Se produce, así, un nuevo nacimiento de orden espiritual. A esto se refiere Jesús cuando dice: «Tienen que nacer de nuevo».

Lo que Jesús estaba diciendo era que el nacimiento físico no es suficiente. Necesitamos nacer de nuevo por el Espíritu. Eso es lo que ocurre cuando nos hacemos cristianos. Todo cristiano ha nacido de nuevo. Puede que no seamos capaces de identificar el momento exacto en el que eso ocurrió, pero del mismo modo que sabemos que estamos vivos físicamente, también deberíamos saber que estamos vivos espiritualmente.

Cuando nacemos físicamente, lo hacemos en el seno de una familia. Cuando nacemos de nuevo espiritualmente, lo hacemos en el seno de una familia cristiana. Gran parte de la acción del Espíritu puede entenderse en referencia a los vínculos familiares. La acción del Espíritu en nosotros nos garantiza una relación con nuestro Padre y nos ayuda a afianzar esa relación. Hace, además, que nos parezcamos a los otros miembros de la familia. Nos une con nuestros hermanos, concediendo a cada miembro de la familia dones y capacidades diferentes, y permite que la familia aumente.

En este capítulo analizaremos cada uno de los aspectos de la acción del Espíritu en nosotros. Antes de que nos hagamos cristianos, la función del Espíritu consiste, sobre todo, en convencernos de nuestro pecado y en demostrarnos nuestra necesidad de Jesucristo, persuadiéndonos de la verdad y permitiendo que pongamos nuestra fe en él (Juan 16,7-15). Pero nuestra relación con el Espíritu Santo cambia cuando él viene a habitar en nosotros. Cuando me convertí al cristianismo, pensé: «¡Ya está! ¡Lo he conseguido!». Había estado debatiéndome entre muchas objeciones, hasta que, por fin, tomé la decisión de seguir a Cristo. Un amigo me tuvo que explicar que eso era tan sólo el principio.

Hijos e hijas de Dios

Cuando nos unimos a Cristo, somos perdonados por completo. La barrera existente entre nosotros y Dios desaparece. Pablo afirma: «Ya no hay ninguna condenación para los que están unidos a Cristo Jesús» (Romanos 8,1). Jesús cargó con todos nuestros pecados —pasados, presentes y futuros—. Dios toma todos nuestros pecados y los arroja a las profundidades del mar (Miqueas 7,19) y, como la escritora holandesa Corrie Ten Boom solía decir: «Dios coloca un cartel que dice: "Prohibido pescar"».[2]

No sólo hace borrón y cuenta nueva, sino que también nos lleva a una relación de hijos e hijas con Dios. No todos los hombres y mujeres son hijos de Dios en este sentido, aunque todos fuimos creados por Dios. Sólo a aquellos que reciben a Jesús, a aquellos que creen en su nombre, él les da el «derecho de ser hijos de Dios» (Juan 1,12). La filiación divina en el Nuevo Testamento no es un estatus natural, sino espiritual. No nos hacemos hijos e hijas de Dios al nacer físicamente, sino al nacer de nuevo por el Espíritu.

La carta a los Romanos ha sido descrita como el Himalaya del Nuevo Testamento. De ser así, el capítulo ocho sería el monte Everest, y los versículos catorce y quince podrían definirse perfectamente como su cumbre.

> Porque todos los que son guiados por el Espíritu de Dios son hijos de Dios. Y ustedes no recibieron un espíritu que de nuevo los esclavice al miedo, sino el Espíritu que los adopta como hijos y les permite clamar: «¡Abba! ¡Padre!». El Espíritu mismo le asegura a nuestro espíritu que somos hijos de Dios. Y si somos hijos, somos herederos; herederos de Dios y coherederos con Cristo, pues si ahora sufrimos con él, también tendremos parte con él en su gloria (Romanos 8,14-17).

En primer lugar, no hay mayor privilegio que ser hijo de Dios. Según el Derecho Romano —que probablemente es lo que tenía Pablo en mente cuando escribió eso—, no había mayor estatus que el de ser adoptado por una familia romana. Si un adulto quería un heredero, podía escoger a uno de sus propios hijos como tal o adoptar otro hijo. Dios tiene un solo hijo —Jesucristo—, pero tiene muchos hijos adoptivos. Hay un cuento de hadas en el que un monarca adopta niños abandonados y los hace príncipes. En Cristo, el mito se ha hecho realidad. Hemos sido adoptados en la familia de Dios. No puede haber mayor honor que ése.

Billy Bray era un minero de Cornwall que nació en 1794. Era alcohólico y no hacía más que provocar peleas y discusiones en su casa. A los veintinueve años, se hizo cristiano. Fue a casa y le dijo a su mujer: «Con la ayuda del Señor, no me verás borracho nunca más». Y así fue. Sus palabras, su tono de voz y su mirada se caracterizaron, desde entonces, por un extraordinario magnetismo. Fue como si le hubieran cargado de electricidad divina. Multitudes de mineros venían a escucharle predicar. Muchos se convirtieron y hubo algunas sanaciones extraordinarias. Alababa a Dios continuamente y decía que tenía razones de sobra para estar alegre. Se describía a sí mismo como «un joven príncipe». Era el hijo adoptivo de Dios, el Rey de reyes, y, por tanto, era príncipe y poseedor de derechos y privilegios reales. Su expresión favorita era: «Soy el hijo de un Rey».[3]

Una vez conocí a una mujer húngara que se llamaba Ildiko Papp. Un año y medio antes de que nos conociéramos, ella había sido alcohólica e indigente, y había vivido en las calles de una ciudad cercana a Budapest. Fue entonces cuando alguien la invitó a hacer Alpha. Allí entregó su vida a Cristo, experimentó el amor de Jesús y fue liberada del alcoholismo. Cuando le pregunté qué cambio supuso Jesús en su vida, me respondió: «Yo era una mendiga, y él me ha hecho una princesa».

Cuando comprendemos totalmente nuestro estatus de hijos adoptivos de Dios, nos damos cuenta de que no hay estatus en el mundo que se pueda comparar al privilegio de ser hijo del Creador del universo.

En segundo lugar, como hijos, gozamos de la mayor intimidad posible con Dios. Pablo dice que por el Espíritu exclamamos: «¡*Abba*!, ¡Padre!». Esta palabra aramea, «*Abba*» (que ya vimos en el capítulo «¿Por qué y cómo orar?»), no aparece en el Antiguo Testamento. El uso de esta palabra para dirigirse a Dios era algo exclusivo de Jesús. Es imposible traducirla, pero la equivalencia más cercana es, probablemente, 'querido Padre' o 'Papá'. La palabra expresa la autoridad del Padre, así como su cercanía. Jesús nos permite participar en esa relación íntima con Dios cuando recibimos su Espíritu. «Ustedes no recibieron un espíritu que de nuevo los esclavice al miedo, sino el Espíritu que los adopta como hijos» (v. 15). Como dijo el Papa Juan Pablo II, en un discurso dirigido a más de medio millón de jóvenes en Polonia, justo antes de la caída del comunismo, «¿Cómo no quedar asombrados ante las elevadas alturas a las que hemos sido llamados? ¡El hombre —un ser creado y limitado, más aún, pecador— está destinado a ser hijo de Dios!».[4]

El Príncipe Carlos tiene muchos títulos. Es el Heredero Legítimo de la Corona, su Alteza Real, Príncipe de Gales, Duque de Cornualles, Caballero de la Orden de la Jarretera, General en Jefe del Regimiento Real de Gales, Duque de Rothesay, Caballero de la Orden del Cardo, Contraalmirante de la Marina Real Británica, Gran Maestro de la Orden de Bath, Conde de Chester, Conde de Carrick, Barón de Renfrew, Señor de las Islas, y Príncipe y Gran Senescal de Escocia. Hay que dirigirse a él como «Su Alteza Real», pero supongo que para William y Harry, él es, sencillamente, «papá». Al hacernos hijos de Dios, gozamos de una relación de intimidad con nuestro Rey celestial. John Wesley, el fundador del metodismo, hablando sobre su conversión dijo: «Cambié mi fe de siervo por la de hijo».

En tercer lugar, el Espíritu nos concede la experiencia más profunda posible de Dios. «El Espíritu mismo le asegura a nuestro espíritu que somos hijos de Dios» (v. 16). Quiere que sepamos, en lo más profundo de nuestro ser, que somos hijos de Dios. Del mismo modo que yo quiero que mis hijos sepan y experimenten mi amor hacia ellos y mi relación con ellos, Dios quiere que sus hijos tengan la seguridad de ese amor y de esa relación.

Un hombre que tan sólo experimentó esto en el ocaso de su vida fue el obispo sudafricano Bill Burnett, arzobispo durante algunos años de Ciudad del Cabo, a quien oí contar lo siguiente: «Cuando me ordenaron obispo, creía en la teología [la verdad sobre Dios], pero no en Dios. En la práctica, era un ateo. Aspiraba a la justificación haciendo el bien». Un día, después de haber ejercido el ministerio episcopal durante quince años, fue a presidir una confirmación en la que predicó sobre el siguiente fragmento de la carta a los Romanos: «Dios ha derramado su amor [es decir, su amor por nosotros] en nuestro corazón por el Espíritu Santo que nos ha dado» (Romanos 5,5). Después de la ceremonia, regresó a casa, se sirvió algo fuerte de beber y se sentó a leer el periódico. De repente, sintió que el Señor le decía: «Ve y ora». Fue a su capilla, se arrodilló en silencio y oyó de nuevo al Señor, que le decía: «Quiero tu cuerpo». No conseguía entender por qué (era alto y delgado y solía decir: «No soy precisamente Míster Universo»). Sin embargo, se entregó por completo al Señor. «Entonces —dijo—, ocurrió lo que había predicado. Sentí descargas eléctricas de amor». Tendido en el suelo, oyó que el Señor le decía: «Eres mi hijo». Cuando se incorporó, tenía la certeza de que algo importante había sucedido. Esta experiencia supuso un cambio fundamental en su vida y en su ministerio. Desde entones a través de su ministerio, otros muchos han experimentado la filiación divina por el testimonio del Espíritu.

En cuarto lugar, Pablo nos asegura que ser hijo o hija de Dios proporciona la mayor seguridad que se puede tener, puesto que si somos hijos de Dios, también somos «herederos de Dios y coherederos con Cristo» (Romanos 8,17). Según el Derecho Romano, un hijo adoptivo recibía el nombre de su padre y heredaba su patrimonio. Como hijos de Dios, somos sus herederos. La única diferencia es que no recibimos nuestra herencia final con la muerte de nuestro padre, sino con nuestra propia muerte. Por esta razón, Billy Bray se emocionaba al pensar que su Padre celestial le «había reservado la gloria y la felicidad eterna». Disfrutaremos de una eternidad de amor con Jesús.

Pablo añade: «Pues si ahora sufrimos con él, también tendremos parte con él en su gloria» (v. 17). No se trata de una condición impuesta, sino de una constatación. Los cristianos se identifican con Jesucristo, lo que puede implicar cierto rechazo y oposición en el tiempo presente, pero eso no es nada comparado con nuestra herencia de hijos de Dios.

Afianzando la relación

El nacimiento no sólo marca la culminación de un periodo de gestación, sino que es el principio de una nueva vida y de nuevas relaciones. La relación con nuestros padres va creciendo y va profundizándose durante un periodo bastante prolongado. No es algo que ocurra de la noche a la mañana, sino que va sucediendo a medida que pasamos tiempo con ellos.

Nuestra relación con Dios, como ya hemos visto en los primeros capítulos, crece y se hace más profunda a medida que pasamos tiempo con él. El Espíritu Santo nos ayuda a afianzar nuestra relación con Dios. Nos pone en presencia del Padre. «Pues por medio de él [Jesús] tenemos [tanto judíos como gentiles] acceso al Padre por un mismo Espíritu» (Efesios 2,18). Esto es lo que significa, para un cristiano, experimentar a Dios como Trinidad. A través de Jesús, por el Espíritu, tenemos acceso a la presencia del Padre. Jesús, por su muerte en la cruz, eliminó la barrera que había entre nosotros y Dios. Gracias a eso tenemos acceso a la presencia de Dios. A menudo, no somos conscientes de todo esto en nuestra oración. Podemos sentir que hay una barrera, pero, de hecho, no hay barrera alguna.

Cuando estaba en la universidad, vivía en un cuarto de la

residencia Hewell's Court situado justo encima de la sucursal del Barclays Bank de la calle principal. Con frecuencia, teníamos invitados a comer en la habitación y, un día, empezamos a discutir sobre si el ruido que hacíamos se podía oír abajo, en el banco. Para averiguarlo, decidimos hacer un experimento. Una chica llamada Kay bajó al banco. Como era mediodía, el banco estaba repleto de clientes. El plan era empezar a hacer ruido y aumentarlo progresivamente. Primero, una persona daría un salto sobre el suelo, luego dos personas, luego tres, cuatro y, finalmente, cinco. Después, saltaríamos desde las sillas y, por último, desde la mesa. Queríamos saber hasta qué punto se nos podía oír en la planta inferior que ocupaba el banco.

Resultó que el techo del banco era más fino de lo que nos habíamos imaginado en un principio. El primer salto se oyó perfectamente. El segundo, hizo mucho ruido. Después del quinto, que retumbó como un trueno, el silencio se apoderó del banco: todos los clientes dejaron de cobrar cheques y se quedaron mirando al techo mientras se preguntaban qué podría estar ocurriendo. Kay, que estaba en el banco, pensó: «¿Qué hago? Si me voy, van a notar algo raro, ¡pero si me quedo va a ser peor!». Se quedó. El ruido fue en aumento. Al final, empezaron a caer del techo fragmentos de poliestireno. En aquel momento, temerosa de que el techo se desplomara, subió corriendo a decirnos que ¡sin lugar a dudas se nos oía desde el banco!

Cuál fue mi sorpresa cuando, muchos años después, recibí una carta de un hombre que me había oído contar esta historia en un vídeo. Me decía que estaba interesado en mi alusión a las habitaciones S1 y S2 de Hewell Court porque él había sido el encargado de mantenimiento de la residencia por aquel entonces. En su carta relataba lo siguiente: «Se me informó sobre el problema de los ruidos percibidos en Barclays Bank y provenientes de las habitaciones S1 y S2, pero, hasta ahora, nunca supe quién lo había provocado. Lo que cayó del techo del banco no fueron fragmentos de poliestireno, sino trozos de yeso del falso techo. No se inquiete, ¡no habrá ningún tipo de represalias!».

La separación era mucho más pequeña de lo que habíamos pensado. Puesto que, por medio de Jesús, la barrera que nos separaba se ha eliminado, Dios nos escucha cada vez que oramos. Por el Espíritu, tenemos acceso inmediato a su presencia. No necesitamos ponernos a saltar como locos para atraer su atención.

El Espíritu no sólo nos pone en la presencia de Dios, sino que también nos ayuda a orar. S. Pablo escribe: «[…] En nuestra debilidad el Espíritu acude a ayudarnos» (Romanos 8,26). A veces, simplemente, no sabemos cómo orar. Pero el mismo Espíritu intercede por nosotros. Lo que importa no es el lugar en el que oramos, la posición en la que oramos o si usamos o no formas establecidas de oración; lo que importa es si estamos orando en el Espíritu o no. Toda oración debe ser guiada por el Espíritu. Sin su ayuda, la oración puede convertirse fácilmente en algo apagado y monótono.

Otro aspecto que nos ayuda a desarrollar nuestra relación con Dios es entender lo que él nos está diciendo. De nuevo, es el Espíritu de Dios quien hace esto posible. Pablo dice: «Pido que el Dios de nuestro Señor Jesucristo, el Padre glorioso, les dé el Espíritu de sabiduría y de revelación, para que lo conozcan mejor. Pido también que les sean iluminados los ojos del corazón […]» (Efesios 1,17-18). El Espíritu de Dios es un Espíritu de sabiduría y revelación. Abre nuestros ojos para que, por ejemplo, podamos entender lo que Dios dice en la Biblia.

Antes de ser cristiano, había leído y escuchado la Biblia infinitas veces en servicios religiosos de la escuela, en bodas y en funerales, pero nunca la entendí. No significaba nada para mí. La razón por la que la Biblia no tenía ningún sentido para mí era que yo no tenía el Espíritu de Dios para interpretarla. El Espíritu de Dios es el mejor intérprete de lo que Dios ha manifestado.

En el fondo, nunca entenderemos el cristianismo sin que el Espíritu Santo ilumine nuestros ojos. Podemos ver lo suficiente para dar un paso de fe —el cual no es un salto al vacío—, pero la comprensión verdadera es, normalmente, posterior a la fe. Anselmo de Canterbury afirmó: «No pretendo entender para creer, sino que creo para entender».[5] Sólo cuando creemos y recibimos el Espíritu Santo es cuando podemos comprender de veras la revelación de Dios.

El Espíritu de Dios nos ayuda a afianzar nuestra relación con Dios y nos permite mantener esa relación. Con frecuencia, la gente teme no ser capaz de perseverar en la vida cristiana. Dios jamás pretendió que perseveráramos por nuestros propios medios. Por su Espíritu, Dios nos hace perseverantes. Es el Espíritu el que nos pone en relación con Dios y es el Espíritu el que mantiene esa relación. Dependemos totalmente de él.

El parecido familiar

Siempre me ha fascinado observar cómo los niños se pueden parecer físicamente al padre y a la madre a la vez, cuando los padres no se parecen casi nada entre sí. Algunos esposos y esposas, después de años de convivencia, ¡llegan incluso a parecerse!

A medida que pasamos tiempo en la presencia de Dios, el Espíritu de Dios nos transforma. Pablo describe perfectamente esta realidad: «Así, todos nosotros, que con el rostro descubierto reflejamos como en un espejo la gloria del Señor, somos transformados a su semejanza con más y más gloria por la acción del Señor, que es el Espíritu» (2 Corintios 3,18). Esto es, somos transformados a semejanza moral de Jesucristo. El fruto del Espíritu se desarrolla en nuestras vidas. Pablo nos dice que «el fruto del Espíritu es amor, alegría, paz, paciencia, amabilidad, bondad, fidelidad, humildad y dominio propio» (Gálatas 5,22). Éstas son las características que el Espíritu de Dios fomenta en nuestras vidas. No es que alcancemos la perfección inmediatamente, sino que, a lo largo del tiempo, debería notarse algún cambio en nosotros.

El primer fruto del Espíritu y el más importante es el amor. El amor se sitúa en el corazón de la fe cristiana. La Biblia es la historia del amor de Dios por nosotros. Su deseo es que podamos responder amándole a él y amando a nuestro prójimo. La prueba determinante de la acción del Espíritu en nuestras vidas será un aumento de nuestro amor a Dios y a los demás. Sin este amor todo lo demás carece de sentido.

El segundo fruto en la lista de Pablo es la alegría. El periodista Malcolm Muggeridge escribió: «La más característica y elevada de las manifestaciones de la conversión es el éxtasis: una alegría indescriptible que inunda todo nuestro ser, haciendo que nuestros miedos se disuelvan en la nada y que todas nuestras expectativas se dirijan a Cristo».[6] Esta alegría no siempre se refleja en nuestras circunstancias externas. Nace de dentro, del Espíritu. Richard Wurmbrand, que fue encarcelado durante muchos años y torturado con frecuencia por su fe, escribió lo siguiente sobre la alegría: «Solo en mi celda, helado, hambriento y en harapos, bailaba de alegría todas las noches. [...] A veces me inundaba tanta alegría que sentía que iba a estallar si no la expresaba».[7]

El tercer fruto que aparece en la lista es la paz. Separada de Cristo, la paz interior es como un masmelo[8] espiritual, caracterizado por su blandura y dulzura pero sin mucha sustancia real. El equivalente hebreo de la palabra griega a la que nos estamos refiriendo [*eirene* = paz] es *shalom*, que significa 'integridad', 'solidez', 'bienestar', 'pertenencia a la comunidad', 'relación con Dios'. Hay un anhelo en todo corazón humano por una paz de esas características. Como el filósofo pagano del siglo primero, Epicteto, señaló: «Mientras que el Emperador puede darnos paz frente a la guerra por tierra o mar, es, en cambio, incapaz de darnos paz frente a la pasión, la pena y la envidia. Él no puede dar la paz del corazón, la cual el hombre anhela más de lo que nunca anhelará la paz exterior».[9]

Es maravilloso conocer a gente cuya personalidad ha sido transformada a imagen de Jesucristo mediante el desarrollo en sus vidas de estos y otros frutos del Espíritu —paciencia, amabilidad, bondad, etc—. Una mujer de nuestra iglesia, de unos ochenta años, afirmó de un párroco anterior: «Cada vez se parece más a nuestro Señor». No se me ocurre halago mayor que éste. La función del Espíritu de Dios es hacernos cada vez más semejantes a Jesús para que esparzamos por todas partes la fragancia de su conocimiento (2 Corintios 2,14).

Unidad en la familia

Cuando nos encontramos con Cristo y nos hacemos hijos e hijas de Dios, pasamos a pertenecer a una gran familia. El deseo de Dios, como el de cualquier padre ordinario, es que haya unidad en su familia. Jesús oró por la unidad de sus seguidores (Juan 17). Pablo suplicó a los cristianos de Éfeso que se esforzaran «por mantener *la unidad del Espíritu* mediante el vínculo de la paz» (Efesios 4,3, cursiva del autor).

El Espíritu quiere que estemos unidos y nos ayuda a crecer en unidad. Lo que se espera de nosotros es que seamos ejemplo de unidad en un mundo afligido y dividido.

El mismo Espíritu Santo vive en cada cristiano dondequiera que éste se encuentre y cualquiera que sea su denominación cristiana, trayectoria personal, color o raza. Ese mismo Espíritu habita en cada hijo de Dios y su deseo es que estemos unidos. Ciertamente, eso es lo que hace que las divisiones en el seno de la iglesia constituyan una tragedia, puesto que «hay *un solo* cuerpo y *un solo* Espíritu, [...] *una sola* esperanza; *un solo* Señor, *una sola* fe, *un solo* bautismo; *un solo* Dios y Padre de *todos*, que está sobre *todos* y por medio de *todos* y en *todos*» (Efesios 4,4-6, cursiva del autor).

El mismo Espíritu mora en los cristianos de Rusia, de China, de África, de América, de Europa y de cualquier lugar; en los católicos, los ortodoxos, los luteranos, los metodistas, los bautistas, los pentecostales, los anglicanos y los miembros de nuevas comunidades eclesiales. En cierto sentido, aunque nuestra pertenencia a una iglesia concreta pueda ser algo muy valioso para nosotros, lo importante —más que nuestra denominación— es si tenemos o no el Espíritu de Dios. El mismo Espíritu mora en el interior de los cristianos de todas las denominaciones. Quienquiera que tenga el Espíritu de Dios en su interior, es cristiano y, por lo tanto, nuestro hermano. Como Raniero Cantalamessa declaró: «lo que nos une es infinitamente mayor que lo que nos separa». Es un privilegio enorme pertenecer a esta inmensa familia. Una de las mayores alegrías de ser cristiano es experimentar esta unidad. Hay una cercanía y profundidad de relaciones en la iglesia cristiana que jamás he encontrado fuera de ésta. Tenemos que esforzarnos al máximo para mantener la unidad del Espíritu a todos los niveles: en nuestros grupos pequeños, en las congregaciones, en las iglesias locales y en la iglesia universal.

Dones para todos los hijos

Aunque dentro de una misma familia suele haber parecido entre sus miembros e, idealmente, unidad, también hay gran diversidad. No hay dos hijos que sean idénticos —ni siquiera los gemelos son exactamente iguales—. Lo mismo ocurre en el cuerpo de Cristo. Cada cristiano es diferente, es portador de un don específico y tiene una contribución personal que ofrecer. En el Nuevo Testamento hay listas de algunos de los dones del Espíritu. En la primera carta a los Corintios, Pablo menciona nueve dones:

> A cada uno se le da una manifestación especial del Espíritu para el bien de los demás. A unos Dios les da, por el Espíritu, palabra de sabiduría; a otros, por el mismo Espíritu, palabra de conocimiento; a otros, fe, por medio del mismo Espíritu; a otros, y por ese mismo Espíritu, dones para sanar enfermos; a otros, poderes milagrosos; a otros, profecía; a otros, el discernir espíritus; a otros, el hablar en diversas lenguas; y a otros, el interpretar lenguas. Todo esto lo hace un mismo y único Espíritu, quien reparte a cada uno según él lo determina (1 Corintios 12,7-11).

En otros lugares del Nuevo Testamento se hace referencia a otros dones: aquéllos concedidos a los apóstoles, a los maestros, a los que ayudan a otros, a los que administran (1 Corintios 12,28-30), a los evangelistas y a los pastores (Efesios 4,11); dones para servir, para animar a los demás, para socorrer a los necesitados, para dirigir, para mostrar compasión (Romanos 12,7), para practicar la hospitalidad, y para hablar (Pedro 4,9-11). Sin duda, estas listas no pretendían ser relaciones exhaustivas de los dones del Espíritu.

Todos los dones positivos son de Dios, incluso si algunos, como los milagros, muestran de una manera más obvia las acciones extraordinarias de Dios en su mundo. Los dones espirituales incluyen los talentos naturales que han sido transformados por el Espíritu Santo. Como el teólogo alemán Jürgen Moltmann señaló: «en principio, todas las potencialidades y capacidades humanas pueden convertirse en carismáticas [es decir, en dones del Espíritu] a través de la vocación de una persona, si son utilizadas en Cristo».[10]

Estos dones se conceden a todos los cristianos. La expresión «a cada uno» actúa como hilo conductor a lo largo del capítulo doce de la primera carta a los Corintios. Todo cristiano forma parte del cuerpo de Cristo. Hay muchas partes diferentes, pero un solo cuerpo (v. 12). Todos somos bautizados por (o en) un solo Espíritu (v. 13). A todos se nos da a beber de un mismo Espíritu (v. 13). No hay cristianos de primera y segunda clase. Todos los cristianos reciben el Espíritu. Todos los cristianos tienen dones espirituales.

Hay una necesidad urgente de ejercer los dones. Uno de los mayores problemas de la iglesia en general es que son muy pocos los cristianos que están usando sus dones. Como resultado, se deja todo el trabajo en manos de unos pocos, que acaban exhaustos, mientras que el resto permanece prácticamente inactivo.

La iglesia sólo operará con la máxima eficacia cuando todos y cada uno de los cristianos usen sus dones. El Espíritu de Dios nos concede dones a todos nosotros. Dios no nos pide que tengamos muchos dones, pero sí nos pide que usemos los que tenemos y que aspiremos a más (1 Corintios 12,31; 14,1).

Una familia en crecimiento

Es natural que las familias crezcan. Dios dijo a Adán y a Eva: «Sean fructíferos y multiplíquense». Debería ser algo natural que la familia de Dios creciera. De nuevo, eso es obra del Espíritu. Jesús aseguró: «Cuando venga el Espíritu Santo sobre ustedes, recibirán poder y serán mis testigos tanto en Jerusalén como en toda Judea y Samaria, y hasta los confines de la tierra» (Hechos 1,8).

El Espíritu de Dios nos da el deseo de anunciar a los demás y nos capacita para hacerlo. El dramaturgo Murray Watts cuenta la historia de un hombre joven que estaba convencido de la verdad del cristianismo, pero al que le paralizaba el miedo a tener que admitir que era «cristiano». La idea de compartir con alguien su nueva fe y de que la gente pudiera pensar que le habían lavado el cerebro le horrorizaba. Durante muchas semanas intentó evitar todo pensamiento religioso, pero no lo consiguió. Era como si oyera un susurro en su conciencia que le repetía una y otra vez: «Sígueme». Al final, no pudo aguantar más y fue a pedir consejo a un anciano que había sido cristiano durante casi todo un siglo. Le habló de su pesadilla, de esa carga pesada de «ser testigo de la luz», y de cómo eso le impedía hacerse cristiano. El anciano suspiró, meneó la cabeza y dijo:

—Éste es un asunto entre Cristo y tú. ¿Por qué inmiscuir en él a toda esa gente? —y prosiguió—. Ve a casa. Métete en tu cuarto. Olvídate del mundo. Olvídate de tu familia y haz de ello un secreto entre tú y Dios.

Las palabras del anciano liberaron al hombre de un peso enorme. Éste pregunto:

—¿Quiere decir que no tengo que decírselo a nadie?

—Exacto —respondió el anciano.

—¿A nadie en absoluto?

—No, si no quieres.

—¿Está *seguro*? —preguntó el hombre, que empezaba a temblar de emoción—. ¿Y eso está bien?

—En tu caso, sí —dijo el anciano.

Así que el joven regresó a su casa, se arrodilló en actitud de oración y se convirtió a Cristo. Inmediatamente, bajó corriendo las escaleras y entró en la cocina, donde se encontraban su mujer, su padre y tres amigos. «¿Se dan cuenta —les dijo apenas sin aliento por la emoción— de que es posible ser cristiano sin tener que contárselo a nadie?».[11]

Cuando experimentamos el Espíritu de Dios, queremos contárselo a los demás. A medida que lo hacemos, la familia crece. La familia cristiana nunca debería ser estática. Debería estar creciendo continuamente y atrayendo a gente nueva, que, a su vez, recibiera el poder del Espíritu Santo y saliera a hablar de Jesús a los demás.

He insistido, a lo largo de este capítulo, en que el Espíritu Santo vive en cada cristiano. Pablo advierte: «Y si alguno no tiene el Espíritu de Cristo, no es de Cristo» (Romanos 8,9). Sin embargo, no todos los cristianos están llenos del Espíritu. Pablo escribe a los cristianos de Éfeso con estas palabras: «Llénense del Espíritu» (Efesios 5,18). En el próximo capítulo nos centraremos en cómo podemos llenarnos del Espíritu.

El capítulo anterior comenzaba con los primeros versículos de la Biblia (Génesis 1,1-2). Quiero, ahora, concluir este capítulo con uno de los últimos versículos de las Escrituras (Apocalipsis 22,17). El Espíritu de Dios aparece activo a lo largo de toda la Biblia, desde el Génesis hasta el Apocalipsis.

«El Espíritu y la novia dicen: ¡"Ven!"; y el que escuche

diga: "¡Ven!". El que tenga sed, venga; y el que quiera, tome gratuitamente del agua de la vida» (Apocalipsis 22,17).

Dios quiere llenarnos a todos y cada uno de nosotros de su Espíritu. Algunos están deseando ardientemente que esto ocurra. Otros no están tan seguros de quererlo, en cuyo caso, en realidad, no tienen sed. Si no tienes sed de más plenitud en el Espíritu, ¿por qué no orar por tener esa sed? Dios nos acepta tal y como somos. Cuando tenemos sed y le pedimos, Dios nos dará «gratuitamente del agua de la vida».

Notas

1. N. del T.: La escuela dominical, sobre todo en un contexto anglosajón y anglicano, es donde se forma a los niños en la fe.
2. Corrie ten Boom and Jamie Buckingham, *Tramp for the Lord* (CLC, 1974), p. 55.
3. F. W. Bourne, *Billy Bray: The King's Son* (Epworth Press, 1937).
4. Juan Pablo II, *Mensaje a los jóvenes con ocasión de la VI Jornada Mundial de la Juventud. «Habéis recibido un espíritu de hijos»* (Libreria Editrice Vaticana, 1990), § 1, tercer párrafo.
5. J. Hopkins and H. Richardson (eds), *Anselm of Canterbury, Proslogion Vol I* (SCM Press, 1974).
6. Malcom Muggeridge, *Conversión: Un viaje espiritual* (Rialp, 1991), p. 22.
7. Richard Wurmbrand, *Cristo en las prisiones comunistas: In God's underground* (Clie, 1985).
8. N. del T.: Dulce que recibe diferentes nombres: malvavisco, caramelo o bombón de altea, esponjita, nube, jamón o sustancia.

9. Epicteto, *Disertaciones [sobre] Arriano*, III, 13.
10. Jürgen Moltmann, *La Iglesia, fuerza del espíritu: hacia una eclesiología mesiánica* (Sígueme, 1978), p. 350.
11. Murray Watts, *Rolling in the Aisles* (Monarch Publications, 1987).

¿CÓMO PUEDO LLENARME DEL ESPÍRITU SANTO?

El conocido evangelista J. John dio una vez una conferencia sobre la predicación. Una de las observaciones que hizo a lo largo de su ponencia fue que los predicadores generalmente exhortan a sus audiencias a hacer algo, pero nunca les dicen *cómo* hacerlo. Siempre que escuchaba predicar «oren más» o «lean la Biblia» o «hablen de Jesús a los demás», J. John quería preguntar, una y otra vez: «Sí, pero ¿cómo?». En este capítulo quiero detenerme en la pregunta «¿*cómo* podemos llenarnos[1] del Espíritu?».

En nuestra casa tenemos un calentador antiguo de gas. El piloto (pequeña flama) siempre está encendido, incluso cuando el calentador no está en funcionamiento. Algunas personas sólo tienen encendido el piloto del Espíritu Santo en sus vidas. Sin embargo, cuando la gente se llena del Espíritu Santo, el calentador empieza a funcionar a todo gas. La diferencia entre ambos casos se puede percibir a simple vista.

El libro de los Hechos de los Apóstoles se ha descrito como el primer volumen de la historia de la iglesia. En él, vemos varios ejemplos de personas que experimentan el Espíritu Santo. Idealmente, todo cristiano debería estar lleno del Espíritu Santo desde el momento de su conversión. A veces ocurre así (tanto en el Nuevo Testamento como ahora), pero no siempre —incluso en el Nuevo Testamento—. Ya hemos analizado la primera ocasión en la que tuvo lugar la efusión del Espíritu Santo, el día de Pentecostés, que se describe en el capítulo segundo de los Hechos de los Apóstoles. A medida que avanzamos en el libro de los Hechos de los Apóstoles, nos encontramos con otros ejemplos.

Cuando Pedro y Juan oraron por los creyentes samaritanos y el Espíritu Santo descendió sobre ellos, Simón el hechicero quedó tan impresionado por lo que había visto que ofreció dinero para poder hacer lo mismo (Hechos 8,14-18). Pedro le advirtió de que intentar comprar con dinero el don de Dios era algo depravado. El relato nos muestra que lo que ocurrió debió de ser algo maravilloso.

En el capítulo siguiente (Hechos 9) vemos una de las conversiones más extraordinarias de todos los tiempos. Cuando Esteban, el primer mártir cristiano, fue apedreado, Saulo aprobó su muerte (Hechos 8,1) y, posteriormente, empezó a destruir la iglesia. «Entrando de casa en casa, arrastraba a hombres y mujeres y los metía en la cárcel» (v. 3). Al principio del capítulo nueve, lo vemos «respirando aún amenazas de muerte contra los discípulos del Señor». Pocos días después, Saulo aparece predicando en las sinagogas que «Jesús es el Hijo de Dios» (v. 20). «Todos los que le oían se quedaban asombrados, y preguntaban: "¿No es éste el que en Jerusalén perseguía a muerte a los que invocan el nombre [de Jesús]?"» (v. 21).

¿Qué le ocurrió en esos pocos días para que cambiara tan radicalmente? En primer lugar, se encontró con Jesús en el camino a Damasco. En segundo lugar, quedó lleno del Espíritu (v. 17). En aquel momento, «cayó de los ojos de Saulo algo como escamas, y recobró la vista» (v. 18). A veces ocurre que personas que no son cristianas, o que incluso se oponen con fuerza al cristianismo, experimentan un vuelco completo en sus vidas cuando se encuentran con Cristo y se llenan del Espíritu. Pueden convertirse, incluso, en defensores enérgicos de la fe cristiana.

En Éfeso, Pablo se encontró con un grupo de discípulos que «creían», pero que ni siquiera habían oído hablar del Espíritu Santo. Les impuso las manos, el Espíritu Santo vino sobre ellos, y empezaron a hablar en lenguas y a profetizar (Hechos 19,1-7). Hoy hay gente que se encuentra en la misma situación. Han podido ser «creyentes» durante algún tiempo o, incluso, durante toda su vida. Puede ser que hayan recibido el bautismo y la confirmación, y que vayan a la iglesia de vez en cuando o con regularidad. Sin embargo, es posible que sepan poco o nada del Espíritu Santo.

Otro pasaje situado al principio del libro de los Hechos de los Apóstoles, y en el que quiero que nos fijemos con más detalle, es el que narra la primera ocasión en la que los gentiles quedaron llenos del Espíritu. Dios hizo algo extraordinario. Todo comenzó con una visión que le fue concedida a un hombre llamado Cornelio. Dios también habló a Pedro mediante una visión y le dijo que quería que fuera a casa de ese hombre, Cornelio, y que hablara a los gentiles. Cuando Pedro estaba todavía en la mitad de su discurso, sucedió algo extraordinario: «El Espíritu Santo descendió sobre todos los que escuchaban el mensaje. Los defensores de la circuncisión [es decir, los judíos] que habían llegado con Pedro se quedaron asombrados de que el don del Espíritu Santo se hubiera derramado también sobre los gentiles, pues los oían hablar en lenguas y alabar a Dios» (Hechos 10,44-46). En el resto del presente capítulo quiero examinar tres aspectos de lo que ocurrió.

Experimentaron el poder del Espíritu Santo

Pedro tuvo que detener su plática porque era obvio que algo

estaba ocurriendo. La efusión del Espíritu raramente ocurre de manera imperceptible, aunque la experiencia es diferente para cada persona.

En la descripción del día de Pentecostés (Hechos 2), Lucas usa términos correspondientes a una fuerte tormenta tropical. Es una imagen del poder del Espíritu que inunda a los discípulos. Hubo manifestaciones físicas: oyeron una violenta ráfaga de viento (v. 2), que no era tal, pero que se le parecía. Era el poder inmenso e invisible del *ruaj* de Dios, palabra utilizada en el Antiguo Testamento, como ya hemos visto, para designar el viento, el aliento y el espíritu. A veces, cuando la gente se llena del Espíritu, tiembla como una hoja agitada por el viento. Otros empiezan a respirar profundamente, casi como si estuvieran respirando físicamente en el Espíritu.

También vieron lo que parecían lenguas de fuego que se esparcieron y se posaron sobre cada uno de ellos (v. 3). En la Biblia, el fuego significa algo poderoso que purifica. Naturalmente, también hace que las cosas ardan. El calor físico a veces acompaña la efusión del Espíritu y la gente lo experimenta en las manos o en otras partes del cuerpo. Una persona describió su experiencia afirmando que se había sentido como si estuviera «al rojo vivo». Otra afirmó que sintió «un calor líquido», y otra que sintió sus «brazos arder, aunque no tenía calor». Quizá el fuego simbolice el poder, la pasión y la pureza que el Espíritu de Dios trae a nuestras vidas.

Para muchos, la experiencia del Espíritu puede ser una experiencia arrolladora del amor de Dios. Pablo ora por los cristianos de Éfeso para que «puedan comprender, junto con todos los santos, cuán ancho y largo, alto y profundo es el amor de Cristo» (Efesios 3,18). El amor de Cristo es lo suficientemente amplio para llegar a todas las personas del mundo. Alcanza, atravesando todos los continentes, a personas de toda raza, color, tribu y formación intelectual. Es lo suficientemente largo para durar toda una vida y prolongarse hasta la eternidad. Es lo suficientemente profundo para llegar hasta nosotros, independientemente de lo bajo que hayamos caído. Es lo suficientemente alto para elevarnos a los cielos. Vemos este amor, de manera suprema, en la cruz de Cristo. Sabemos que Cristo nos ama porque estuvo dispuesto a morir por nosotros. Pablo oró para que pudiéramos entender el alcance de ese amor.

Pero no contento con eso, Pablo continúa orando para que «*conozcan* ese amor que *sobrepasa todo conocimiento*» y para que «sean llenos de la plenitud de Dios» (Efesios 3,19, cursiva del autor). No es suficiente comprender su amor: necesitamos experimentar ese amor que «sobrepasa nuestro conocimiento». A menudo, cuando la gente se llena del Espíritu —se llena «de la plenitud de Dios» (v. 19)—, es cuando experimenta en su corazón el amor transformador de Cristo.

Thomas Goodwin, uno de los puritanos[2] de hace trescientos años, ilustró esta experiencia con el siguiente ejemplo: un hombre y su hijo caminan por una senda tomados de la mano. El niño sabe que ese hombre es su padre y que su padre le ama. De repente, el padre se detiene, toma al niño, lo levanta en sus brazos, lo abraza, lo besa y lo aprieta contra su pecho. Luego, lo vuelve a bajar y continúan caminando. Es algo maravilloso caminar con tu padre tomado de la mano, pero es algo incomparablemente mejor sentir cómo sus brazos te rodean.

«Nos ha abrazado» —dice Spurgeon—, derrama su amor sobre nosotros y nos aprieta contra su pecho. Martyn Lloyd-

Jones cita estos ejemplos, entre otros muchos, en su libro sobre la carta a los Romanos, y hace el siguiente comentario sobre la experiencia del Espíritu:

> Démonos cuenta, por tanto, del carácter profundo de la experiencia. Esto no es algo ligero, superficial y ordinario; no es algo de lo que puedas decir: «No te preocupes de tus sentimientos». ¿Preocuparte de tus sentimientos? Vas a tener tal profundidad de sentimientos que, por un momento, te podrá parecer que nunca antes habías «sentido» nada en tu vida. Es la experiencia más profunda que el hombre puede tener.[3]

Fueron liberados para alabar

Cuando estos gentiles se llenaron del Espíritu, empezaron a «alabar a Dios». La alabanza espontánea es el lenguaje de la gente que se entusiasma con la experiencia de Dios.

A menudo me preguntan: «¿Es correcto expresar emociones en la iglesia? ¿No se podría caer en el peligro del emocionalismo?». El peligro para la mayoría de nosotros en nuestra relación con Dios no es precisamente el exceso de emoción, sino la falta de ésta. Nuestra relación con Dios a veces se hace demasiado fría. Toda relación de amor incluye nuestras emociones. Por supuesto, tiene que haber algo más que emociones. Tiene que haber amistad, comunicación, comprensión y servicio. Pero si nunca mostrara ningún tipo de emociones hacia mi esposa, faltaría algo en mi amor por ella. Si no experimentamos ninguna emoción en nuestra relación con Dios, quiere decir que nuestra personalidad no está implicada en su totalidad en esa relación.

Dirigiéndose a Dios, S. Agustín escribió: «El hombre, parte de tu creación, quiere alabarte. Tú lo inspiras para que se deleite en alabarte; porque nos hiciste para ti, y nuestro corazón anda desasosegado hasta que descanse en ti».[4] La alabanza es el fin para el que fuimos creados. Como señala el *Catecismo de Westminster*: «El fin principal del hombre es el de glorificar a Dios y gozar de él para siempre». Esta alabanza debería implicar a toda nuestra personalidad, incluidas nuestras emociones. Estamos llamados a amar, alabar y glorificar a Dios con *todo* nuestro ser.

«Bueno, seguro que no había fútbol en la época de S. Agustín».

Se podría objetar que, aunque está bien exteriorizar las emociones en privado, no está tan bien hacerlo en público. Hace algunos años hubo una conferencia a la que asistió el entonces arzobispo de Canterbury, George Carey, y que suscitó un debate en la sección de cartas al director del periódico *The Times* sobre el lugar que deben ocupar las emociones en la iglesia. Un hombre escribió:

> ¿Por qué si una comedia de cine es capaz de provocar carcajadas en el público, la película se considera un éxito; si una tragedia de teatro consigue mover al llanto, la producción se considera conmovedora; si un partido de fútbol tiene en ascuas a los espectadores, el juego se considera emocionante; pero si una asamblea se entrega

a la glorificación de Dios en la alabanza, se la acusa de emocionalismo?

Ciertamente, el emocionalismo existe y tiene lugar cuando las emociones adquieren prioridad sobre el sólido cimiento de las enseñanzas de la Biblia. Pero, como Cuthbert Bardsley —antiguo obispo de Coventry— dijo en una ocasión, «el peligro principal en la iglesia anglicana no es el emocionalismo delirante». Nuestra alabanza es la expresión de nuestro amor a Dios, y ésta debería implicar a todo nuestro ser: mente, corazón, voluntad y emociones.

Recibieron una nueva lengua

Como ocurrió en Pentecostés y con los cristianos de Éfeso (Hechos 19), cuando los gentiles quedaron llenos del Espíritu Santo recibieron el don de lenguas. La palabra «lenguas» significa la capacidad de hablar en una lengua que no se ha aprendido. Puede ser una lengua angelical (1 Corintios 13,1), que supuestamente es irreconocible, o una lengua humana reconocible (como ocurrió en Pentecostés). Una joven de nuestra iglesia, llamada Penny, estaba orando con otra chica. Se quedó sin palabras en inglés y empezó a orar en lenguas. La chica sonrió, abrió los ojos, empezó a reírse y le dijo: «Acabas de hablarme en ruso». Esta chica, aunque era inglesa, hablaba ruso con soltura y tenía mucho interés en esa lengua. Penny preguntó: «¿Y qué he dicho?». Su amiga respondió que había estado repitiendo «mi querida hija» una y otra vez. Penny no habla ni una palabra de ruso. Esas tres palabras significaron muchísimo para ella: fueron la confirmación de que era importante para Dios.

El don de lenguas ha supuesto una bendición enorme para mucha gente. Como ya hemos visto, se trata de uno de los dones del Espíritu. No es el único don, ni siquiera el más importante. No todos los cristianos hablan en lenguas, ni son éstas el único signo que indica que una persona está llena del Espíritu. Es posible estar lleno del Espíritu y no hablar en lenguas. Sin embargo, para muchos, tanto en el Nuevo Testamento como en la vida cristiana en general, el don de lenguas acompaña a la experiencia del Espíritu Santo y puede ser el primer acercamiento a una actividad del Espíritu más expresamente sobrenatural. Hoy en día son muchos los desconcertados por este don. Por eso he dedicado bastante espacio del presente capítulo a este tema. En 1 Corintios 14, Pablo se ocupa de las preguntas más frecuentes relacionadas con este aspecto.

¿Qué es exactamente hablar en lenguas?
Es una forma de oración —una de las muchas formas de oración que aparecen en el Nuevo Testamento—. Según Pablo, «el que habla en lenguas no habla a los demás sino *a Dios*» (1 Corintios 14,2, cursiva del autor). Es una forma de oración que edifica al cristiano como individuo (v. 4). Los dones que edifican a la iglesia son, obviamente, más importantes todavía, pero eso no le resta importancia al don de lenguas. La ventaja de hablar en lenguas es que es una forma de oración que trasciende las limitaciones del lenguaje humano. Eso es lo que Pablo parece querer decir al afirmar: «Porque si yo oro en lenguas, mi espíritu ora, pero mi entendimiento no se beneficia en nada» (1 Corintios 14,14).

Todos, en mayor o menor medida, estamos limitados por el lenguaje. Parece ser que el hablante nativo medio de inglés tiene un vocabulario que comprende entre 10.000 y 20.000 palabras. Winston Churchill, un caso excepcional, contaba con un vocabulario de unas 50.000 palabras, pero también él estaba limitado en ese aspecto. A menudo, experimentamos frustración por no poder expresar lo que en realidad sentimos, incluso en las relaciones humanas. Tenemos sentimientos que no sabemos bien cómo verbalizar. Esto también ocurre con bastante frecuencia en nuestra relación con Dios.

Aquí es donde el don de lenguas puede resultar enormemente útil. Nos permite expresar a Dios lo que en realidad estamos sintiendo en nuestro espíritu sin tener que pasar por el proceso de traducirlo a nuestro idioma (por eso Pablo dice: «Mi entendimiento no se beneficia en nada»). No es un don que prescinda del entendimiento, puesto que el hablante sigue teniendo el control y puede empezar y parar cuando quiera. Aun así, el entendimiento «no se beneficia» porque no tiene que hacer el proceso de traducción a otra lengua inteligible.

¿En qué ámbitos nos ayuda?

Hay tres ámbitos en los que muchas personas se han visto especialmente beneficiadas por este don.

El primero es el ámbito de la *alabanza y adoración*. Somos muy limitados en lo que respecta a nuestro lenguaje. Cuando los niños (o incluso los adultos) escriben cartas de agradecimiento, enseguida el lenguaje se les queda corto y se dan cuenta de que palabras como «precioso», «maravilloso» o «genial» se repiten una y otra vez. Es posible que en nuestra alabanza y adoración a Dios descubramos que el lenguaje nos limita.

El deseo de expresar nuestro amor, alabanza y adoración a Dios surge, sobre todo, cuando estamos llenos del Espíritu. El don de lenguas nos permite hacerlo sin las limitaciones del lenguaje humano.

El segundo ámbito es la *oración en situaciones de crisis*. Hay momentos en nuestras vidas en los que no sabemos muy bien cómo orar. Puede ser que nos encontremos oprimidos por el estrés, la ansiedad o el dolor. Recuerdo que una vez oré por un viudo de veintiséis años cuya mujer había muerto de cáncer cuando sólo llevaban un año de casados. Pidió el don de lenguas y enseguida lo recibió mientras orábamos. Todo el dolor, toda la tristeza y toda la emoción que había reprimido hasta entonces empezaron a fluir con su oración. Después, me habló del gran alivio que había sentido al poder descargarse de esas emociones.

Yo también he experimentado algo parecido en mi propia piel. En 1987, durante una reunión de empleados en nuestra iglesia, recibí un mensaje en el que se me comunicaba que mi madre había sufrido un ataque al corazón y que estaba ingresada en el hospital. Salí corriendo a la calle y tomé un taxi para ir al hospital. Nunca he agradecido tanto el don de lenguas como en aquel momento. Quería orar a toda costa, pero estaba demasiado conmocionado como para construir oraciones en inglés. El don de lenguas me permitió orar durante todo el trayecto hasta el hospital y ofrecer la situación a Dios en un momento de crisis como ése.

Por último, mucha gente ha descubierto en este don una ayuda para *orar por los demás*. No es fácil orar por los demás, sobre todo si no los hemos visto o no hemos sabido de ellos durante largo tiempo. Al cabo de un rato en oración, un «bendícelos, Señor» sea, probablemente, nuestra plegaria más elaborada. Puede ser muy útil empezar a orar en lenguas por ellos. Es bastante común que, al hacerlo, Dios nos inspire las palabras adecuadas para orar por ellos en nuestro propio idioma.

Querer orar en lenguas no es una actitud egoísta. Aunque «el que habla en lenguas se edifica a sí mismo» (1 Corintios 14,4), los efectos indirectos de este don pueden ser enormes. Jackie Pullinger describió así la transformación de su ministerio cuando empezó a usar el don de lenguas:

> Oraba quince minutos de reloj cada día en el lenguaje del Espíritu. Aun así, seguía sin sentir nada cuando le pedía al Espíritu que me ayudara a interceder por aquéllos a los que él quería llegar. Después de unas seis semanas en esta actitud, empecé a guiar a la gente hacia Jesús sin ni siquiera intentarlo. Los pandilleros caían de rodillas en la calle sollozando, las mujeres eran sanadas, y los drogadictos, liberados milagrosamente de su adicción. Yo sabía que todo eso no tenía nada que ver conmigo.

El don de lenguas también supuso el acceso a otros dones del Espíritu:

> Empecé a conocer los otros dones del Espíritu con mis amigos y experimentamos unos años de ministerio extraordinarios. Decenas de pandilleros y personas acomodadas, estudiantes y cristianos practicantes, se convirtieron y recibieron nuevas lenguas para orar en privado, así como otros dones para poner al servicio de la comunidad. Abrimos varios hogares para acoger a los drogadictos, los cuales se desengancharon de la heroína sin dolor alguno gracias al poder del Espíritu Santo.[5]

¿Aprueba el apóstol Pablo el uso del don de lenguas?

El capítulo catorce de la primera carta a los Corintios está enmarcado en un contexto en el que se hacía un uso excesivo del don de lenguas en público. Pablo dice: «*En la iglesia* prefiero emplear cinco palabras comprensibles y que me sirvan para instruir a los demás, que diez mil palabras en lenguas» (v. 19, cursiva del autor). No tendría mucho sentido que Pablo llegara a Corinto y se pusiera a predicar en lenguas. Su audiencia no sería capaz de entenderle a no ser que hubiera alguien que interpretara sus palabras. Pablo establece, así, una serie de directrices sobre el uso de las lenguas en público (v. 27).

No obstante, Pablo deja claro que no se debe prohibir hablar en lenguas (v. 39). En lo que se refiere al uso privado de este don (a solas con Dios), él lo recomienda vivamente. Dice: «Yo quisiera que todos ustedes hablaran en lenguas» (v. 5), y: «Doy gracias a Dios porque hablo en lenguas más que todos ustedes» (v. 18). Eso no quiere decir que todos los cristianos tengan que hablar en lenguas o que si no hablamos en lenguas somos cristianos de segunda clase, pues no hay cristianos de primera o segunda clase. Tampoco significa que Dios nos ame menos si todavía no hablamos en lenguas. Pero, ciertamente, el don de lenguas es una bendición de Dios.

¿Cómo se recibe el don de lenguas?

Algunos dicen: «Yo no quiero el don de lenguas». Dios nunca te va a obligar a recibir un don. El don de lenguas es simplemente uno de entre todos los dones del Espíritu y no es, en absoluto, el único —como ya hemos señalado en el capítulo anterior—. Al igual que todos los dones, el don de lenguas tiene que recibirse por fe.

No todos los cristianos hablan en lenguas, pero no hay ninguna razón por la que quienquiera que desee este don no pueda recibirlo. Pablo no está diciendo que hablar en lenguas sea lo más importante en la vida cristiana; lo que está diciendo es que es un don muy útil. Si tú quieres recibirlo, no hay razón para que no puedas hacerlo.

Como ocurre con todos los dones de Dios, tenemos que

cooperar con su Espíritu. Dios no nos impone sus dones. Cuando me hice cristiano, leí en algún sitio que los dones del Espíritu se extinguieron al final de la era apostólica, es decir, en el siglo primero. No eran para hoy. Cuando oí hablar del don de lenguas, decidí comprobar por mí mismo si, realmente, los dones no eran para hoy. Así que oré por ese don, ¡pero mantuve la boca cerrada con fuerza! Obviamente, no oré en lenguas y concluí que, ciertamente, los dones se habían extinguido con los apóstoles.

Un día, dos de mis amigos, que acababan de llenarse del Espíritu y de recibir el don de lenguas, me hicieron una visita. Les dije con todo convencimiento que los dones del Espíritu se habían extinguido al final de la era apostólica. Sin embargo, también pude constatar el cambio que la recepción del don de lenguas había supuesto para mis amigos. Había un nuevo resplandor en sus rostros —resplandor que todavía hoy, años después, se mantiene—. Decidí, entonces, pedir a la gente que había orado por ellos que orara también por mí, para que quedara lleno del Espíritu y recibiera el don de lenguas. Al hacerlo, experimenté el poder del Espíritu Santo. Me explicaron que si quería recibir el don de lenguas, tenía que cooperar con el Espíritu de Dios, abrir mi boca y empezar a hablar a Dios en una lengua que no fuera ni mi lengua materna, ni cualquier otra que yo conociera. Cuando lo hice, las palabras empezaron a fluir y recibí, entonces, el don de lenguas.

¿Cuáles son los obstáculos más comunes que impiden que nos llenemos del Espíritu?

En Lucas 11,9-13, Jesús aparece hablando a sus discípulos sobre la oración y el Espíritu Santo. En ese pasaje también se ocupa de algunas de las dificultades principales que podemos tener a la hora de recibir dones o gracias de Dios.

La duda

La gente suele tener muchas dudas relacionadas con este tema. La duda principal es: «¿Si pido, recibiré?». Jesús simplemente afirma: «Yo les digo: pidan, y se les dará» (Lucas 11,9). Jesús debió notar que sus discípulos eran un tanto escépticos, porque repite lo mismo con otras palabras: «Busquen, y encontrarán».

Vuelve a repetir, por tercera vez: «Llamen, y se les abrirá la puerta».

Conoce la naturaleza humana, así que asegura por cuarta vez: «Porque todo el que pide, recibe».

Como todavía no parecen estar convencidos, dice una quinta vez: «El que busca, encuentra».

Y de nuevo, por sexta vez: «Al que llama, se le abre».

¿A qué se debe esta insistencia? A que nos conoce a la perfección y sabe que nos resulta muy difícil creer que Dios nos puede dar algo —por no hablar de algo tan extraordinario y maravilloso como su Espíritu Santo y los dones que lo acompañan—.

El miedo

Aunque hayamos superado el primer obstáculo —el de la duda—, algunos de nosotros tropezamos en el segundo: el del miedo. Éste es un miedo a lo que vamos a recibir. «¿Será algo bueno?».

Jesús se sirve de la analogía del padre humano: «¿Quién de ustedes que sea padre, si su hijo le pide un pescado, le dará en cambio una serpiente? ¿O si le pide un huevo, le dará un escorpión?» (Lucas 11,11-12). Tratar así a nuestros hijos es algo totalmente impensable. Jesús va más allá y dice que comparados con Dios, ¡somos malos! Si nosotros nunca trataríamos así a nuestros hijos, es inconcebible que Dios lo haga. No nos va a defraudar. Si le pedimos el Espíritu Santo y todos los dones maravillosos que éste concede, eso es exactamente lo que recibiremos (Lucas 11,13).

La indignidad

Ciertamente, es importante que no haya rencor u otros pecados en nuestras vidas y que hayamos dado la espalda a todo lo que sabemos que está mal. A pesar de todo, incluso después de haberlo hecho, a menudo experimentamos un sentimiento vago de indignidad e ineptitud. Nos cuesta creer que Dios nos pueda conceder algo. Quizá creemos que él concede dones a los cristianos que están muy «adelantados», pero no a nosotros. Sin embargo, Jesús no dice: «¡Cuánto más el Padre celestial dará el Espíritu Santo a los cristianos que estén muy "adelantados"!», sino que dice: «¡Cuánto más el Padre celestial dará el Espíritu Santo *a quienes se lo pidan*!» (Lucas 11,13, cursiva del autor).

Si quieres llenarte del Espíritu, te recomiendo encontrar a alguien que ore por ti. Si no conoces a nadie que pueda orar por ti, no hay nada que te impida orar tú solo. Algunos reciben el Espíritu sin recibir el don de lenguas. Ambos acontecimientos no van forzosamente unidos. No obstante, en el Nuevo Testamento y en la experiencia de la mayoría, sí que aparecen unidos. No hay razón por la que no podamos orar para recibir ambos.

Si estás orando a solas, puedes hacer lo siguiente:
1. Pídele a Dios que te perdone por todo lo que pueda impedir la recepción de sus dones.
2. Renuncia a los aspectos de tu vida que sabes que están mal.
3. Pídele a Dios que te llene con su Espíritu. Continúa buscando hasta que encuentres. Continúa

llamando hasta que se te abra. Busca a Dios con todo tu corazón.
4. Si quieres recibir el don de lenguas, pídelo. Luego, abre la boca y empieza a alabar a Dios en cualquier lengua, excepto en tu lengua materna o en otra que conozcas.
5. Cree que lo que has recibido es de Dios. No permitas que nadie te diga que te lo estás inventando (es muy poco probable que lo hagas).
6. Persevera. El don de lenguas es algo que lleva tiempo. La mayoría empezamos con un vocabulario muy limitado que se va desarrollando progresivamente. El don de lenguas es así: necesita tiempo para cultivarse. Así que no te rindas.
7. Si has orado para recibir cualquier otro don, busca oportunidades para ejercitarlo. Recuerda que todos los dones se desarrollan siendo usados.

Llenarse del Espíritu no es una experiencia que ocurra una sola vez en la vida. El apóstol Pedro, por ejemplo, quedó lleno del Espíritu tres veces entre los capítulos segundo y cuarto del libro de los Hechos de los Apóstoles (Hechos 2,4; 4,8.31). Cuando Pablo dice: «Llénense del Espíritu» (Efesios 5,18), usa el presente continuo con el fin de exhortar a los cristianos de Éfeso, y a nosotros, a que nos llenemos continuamente del Espíritu.

Notas

1. Ha habido mucho debate, en los últimos años, sobre los términos en los que debería describirse la experiencia del Espíritu: «bautismo en el Espíritu», «llenarse del

Espíritu», «efusión», «atribución de poder» y algunos otros términos. Lo que está claro es que necesitamos la experiencia del poder del Espíritu Santo en nuestras vidas. Personalmente, creo que «llenarse del Espíritu Santo» es el término más fiel al Nuevo Testamento y por eso he usado esta expresión en el presente capítulo. N. del T.: En la presente traducción también se ha usado el término «efusión» por tratarse de una palabra que se utiliza frecuentemente en español para referirse al descenso del Espíritu Santo y a la comunicación de sus dones.
2. N. del T.: El puritanismo fue un movimiento religioso que surgió en algunos sectores importantes de la Iglesia de Inglaterra durante el siglo XVI y que abogaba por una mayor pureza de culto y de doctrina.
3. Martyn Lloyd-Jones, *Romans*, Vol. VIII (Banner of Truth, 1974).
4. San Agustín, *Confesiones*, libro primero, capítulo primero, invocación.
5. John Wimber and Kevin Springer (eds), *Riding the Third Wave* (Marshall Pickering, 1987).

LIBROS PUBLICADOS POR ALPHA

Títulos disponibles en español:

¿Por qué Jesús? Este folleto de evangelización escrito por Nicky Gumbel corresponde al segundo y tercer tema de Alpha: «¿Quién es Jesús?» y «¿Por qué murió Jesús?». Se usa idealmente como obsequio para los invitados al inicio de Alpha y su lectura es recomendada a todos los participantes. En palabras de Michael Green, es «la presentación de Jesús más clara, desafiante y mejor ilustrada que conozco».

¿Por qué la Navidad? Es la edición navideña de *¿Por qué Jesús?* y es ideal para regalar a todo aquel que viene a la iglesia durante el tiempo navideño. Es, además, el recurso perfecto para promover Alpha en Navidad.

¿Por qué la Pascua? Es la edición de Pascua de ¿por qué Jesús? Se centra en la resurrección de Cristo y es ideal como un regalo gratuito de la iglesia durante la temporada de Pascua.

Temas candentes. Este libro contiene las respuestas que Nicky Gumbel da a las siete preguntas más frecuentes que hacen los participantes en Alpha. *Temas candentes* es para quienes buscan explicaciones a algunas de las preguntas más difíciles y complejas del cristianismo, tales como el sufrimiento, las otras religiones, el sexo antes del matrimonio, etc. Este libro también es para quienes están interesados en hablar a sus conocidos, familiares y amigos sobre Jesucristo. Contiene muchas respuestas útiles, tanto para quienes quieren usarlo como lectura personal, como para quienes lo necesitan como material de referencia para el diálogo en los grupos pequeños.

La fe que vence al mundo. «En junio de 2005, fue un gran privilegio recibir la visita del P. Raniero Cantalamessa, quien inauguró nuestra Conferencia Internacional de Alpha. Su discurso en esa ocasión, "La fe que vence al mundo", ha sido una inspiración para todos los que participamos en Alpha y le estamos enormemente agradecidos por permitirnos publicarla en este folleto» (Nicky Gumbel).

Él y Ella: Cómo establecer una relación duradera. Este libro best-seller por Nicky y Sila Lee es una lectura esencial para cualquier casados o novios. Actualizado y revisado.

El libro para padres de familia. Basándose en su experiencia personal, Nicky y Sila Lee aportan nuevas ideas y tiempo-probados valores para la tarea de criar a sus hijos. Lleno de valiosos consejos y consejos prácticos, el libro sobre la crianza de los hijos es un recurso para los padres a volver una y otra vez.

Si quieres saber más sobre Alpha, contacta:

La oficina de Alpha International
Alpha International
Holy Trinity Brompton
Brompton Road
Londres SW7 1JA
Reino Unido
e-mail: info@alpha.org
alpha.org

En las Américas
Alpha América Latina y el Caribe
e-mail: latinoamerica@alpha.org
e-mail: recursos@alpha.org
alpha.org/Latinoamérica

Alpha Argentina
e-mail: oficina@alpha.org.ar
alpha.org.ar

Alpha Colombia
e-mail: oficina@alphacolombia.org
alpha.org/colombia

Alpha Costa Rica
e-mail: latinoamerica@alpha.org
alpha.org/latinoamerica

Alpha México
e-mail: oficinamexico@alpha.org.mx
alpha.org/mexico

Alpha EE.UU.
e-mail: questions@alphausa.org
alphausa.org

En Canadá
Alpha Canadá
e-mail: office@alphacanada.org
alphacanada.org

En España y Europa
Alpha España
e-mail: info@cursoalpha.es
alpha.org/espana

www.ingramcontent.com/pod-product-compliance
Lightning Source LLC
LaVergne TN
LVHW021506200925
821577LV00005B/11